LES RICHESSES HYDRAULIQUES

du Maroc Occidental

(RECONNAISSANCE SOMMAIRE)

Rapport à Monsieur le Général LYAUTEY

Commissaire Résident Général de la République Française au Maroc

par P. PENET

*Chef du Bureau des Contrôles civils à la Résidence Générale
de France à Tunis, chargé de Mission*

BAR-SUR-AUBE

Imprimerie A. Lebois et ses Fils

1918

LES RICHESSES HYDRAULIQUES
du Maroc Occidental

(RECONNAISSANCE SOMMAIRE)

Rapport à Monsieur le Général LYAUTEY

Commissaire Résident Général de la République Française au Maroc

par P. PENET

*Chef du Bureau des Contrôles civils à la Résidence Générale
de France à Tunis, chargé de Mission*

BAR-SUR-AUBE

Imprimerie A. Lebois et ses Fils

1918

J'ai passé trop peu de temps au Maroc pour vous présenter un exposé complet des modes actuels d'utilisation de l'eau. Ce que j'ai visité est peu de chose en comparaison de ce qui reste à voir, et d'autre part, des observations recueillies au cours d'une simple reconnaissance de trois mois ne sauraient être données comme définitives.

Je dois m'excuser en particulier de tomber malgré moi dans le défaut de beaucoup d'articles publiés sur le Maroc : l'imprécision; c'est le plus grave reproche qu'on puisse faire à un rapport technique, qui ne vaut que par la précision, c'est-à-dire les chiffres.

Des chiffres en matière d'hydraulique, nous n'en avons pas. De rares stations météorologiques installées de fraîche date n'ont pu élucider encore certains problèmes de la pluviométrie marocaine, notamment l'influence du relief sur les précipitations annuelles, influence qui pourrait bien être moins prépondérante qu'on ne pense. Nous n'avons aucun jaugeage continu de cours d'eau, et ce sont les seuls qui parlent; très peu d'analyses de sources; le régime des crues d'orage et de celles qui sont dues à la fonte des neiges est mal connu; une partie notable du territoire n'est pas explorée; enfin le printemps 1917, durant lequel j'ai effectué ma tournée, fut la suite d'un hiver particulièrement pluvieux, ce qui donne à certaines de mes appréciations, spécialement en ce qui concerne les débits, un caractère peut-être trop optimiste.

En un mot, je ne me suis pas livré à un inventaire méthodique, mais à une reconnaissance préliminaire de quelques-unes des richesses composant le patrimoine hydraulique du Maroc occidental, et c'est le résultat de cette étude que j'ai l'honneur de vous présenter, ainsi qu'un tableau très sommaire de l'utilisation indigène de cette richesse.

ROUE ÉLÉVATOIRE à FEZ

On peut établir un classement [illegible] [illegible] du Nékor en prenant simplement [illegible] [illegible] de l'eau, valeur qui est, grosso modo, [illegible] proportionnelle à la hauteur de pluie annuelle.

Comme il arrive pour la plupart des [illegible], il y a un peu d'arbitraire dans cette délimitation. [illegible] combinaison des zones n'est d'ailleurs pas [illegible] [illegible] et varient d'une année à l'autre; ils [illegible] [illegible] [illegible] du sol. Ce n'est [illegible] que [illegible] la commodité de l'exposé que j'ai adopté cette méthode systématique et ce critérium.

La première zone est constituée par des bandes littorales de largeur variable où non seulement l'orge et le blé, cultures [illegible], mais aussi les cultures de [illegible] d'été réussissent sans irrigation. Une fécondité aussi remarquable n'est pas due seulement à la pluie, mais à un état hygrométrique exceptionnel qui est très souvent élevé. La [illegible] ne vient que compléter l'action de la pluie et des rosées. Aussi est-elle réservée aux cultures potagères ou fruitières. On ne voit aucune entreprise communale d'arrosage. L'eau provient de sources modestes ou bien est trouvée de puits. Les dimensions du verger et du jardin sont limitées aux besoins familiaux et ce n'est [illegible] aux environs des villes qu'on voit une culture maraîchère un peu plus développée. On [illegible] seul point (environs d'Azemmour [illegible]) on note la culture du henné, exemple assez rare de culture industrielle.

Les ressources de ces régions en eau souterraine ne sont pas encore bien connues [illegible] les cours importants, hiver se révèlent par l'abondance des sources [illegible] vers la mer la plaine du [illegible] [illegible] et par la multitude [illegible] [illegible]; quelques unes de ces dernières sont [illegible] des [illegible]; pourtant leur [illegible] [illegible], beaucoup, résultent de l'apport [illegible] au jour d'une nappe phréatique importante. Au [illegible], il existe à [illegible] et surtout au Doukkala, une forte densité de [illegible] [illegible] [illegible] cusé et dont le niveau de base n'est pas toujours une daya, ce qui indique une extrème perméabilité du sol. La disposition en longues ondulations du socle schisteux du plateau, ondulations que le relief superficiel n'accuse pas, pourrait bien avoir localisé les nappes souterraines en des bandes déterminées. On fore de nombreux puits actuellement; des observations comparées du débit et de la profondeur fixeront bientôt, j'espère, à ce sujet.

Chez les Abda, la nappe souterraine est si profonde qu'en maint endroit les indigènes ont renoncé à l'atteindre et préfèrent recueillir l'eau de pluie en des citernes ou en des dayas artificielles. La citerne reçoit le plus souvent l'eau ruisselant sur les chemins, avec ou sans bassin de décantation; elle appartient à un propriétaire ou à une collectivité restreinte; elle est fermée et l'eau peut être l'objet de transactions; c'est ainsi que le service des Ponts et Chaussées de Mogador s'est souvent procuré, en l'achetant à des indigènes, l'eau nécessaire à la construction de routes.

Il va sans dire que l'eau de ces puits profonds et de ces citernes n'est employée, en général, qu'à l'alimentation des hommes et du bétail. L'irrigation ne saurait tirer parti d'une eau aussi coûteuse.

Dans la même zone, la grande plaine alluviale du Sebou présente des conditions climatériques analogues à celles de la Chaouia et l'irrigation n'y joue encore qu'un rôle très secondaire. Là le problème capital sera celui du dessèchement; les marécages permanents qui y occupent une vaste étendue n'ont d'autre utilité que celle de servir de pâturages d'été aux Beni Hassen, ce qui, à tout prendre, est une médiocre utilisation. L'idée qui vient naturellement à l'esprit, c'est de compléter plus tard cette entreprise par l'irrigation au moyen des eaux que n'auront pas employées les riverains supérieurs du Sebou et de ses grands affluents de gauche, le Beth et le Redom.

Toute l'eau disponible est-elle utilisée? Et celle qui l'est, donne-t-elle le maximum de rendement?

A la première question, on peut répondre : non, sans hésiter. De nombreux ruisseaux se perdent encore dans l'Océan. L'idéal au Maroc, comme dans toute l'Afrique mineure, serait de ne plus laisser aller à la mer une seule goutte d'eau douce. Cela peut paraître chimérique, rien n'est plus réalisable. L'initiative individuelle, du moins dans la région qui nous occupe, y arrivera certainement à .condition que la législation ne l'entrave pas et qu'elle donne au contraire à l'irrigant la sécurité du lendemain dans la propriété de l'eau comme dans la propriété du sol. L'extension de la culture maraîchère, pour ne parler que de celle-là, aurait dû suivre le développement des grandes villes, or elle est notoirement en retard.

Pour la deuxième question, je n'ai pas réuni assez d'observations pour répondre. Les vergers que j'ai pu visiter sur les bords de l'Oum er Rebia, irrigués d'ailleurs par des sources et non par les eaux du fleuve, sont mal tenus ; les feuilles sont envahies de fumagine et le sol de chiendent ; la technique de l'irrigation m'y a paru très rudimentaire. Les cultures potagères et fruitières des environs de Salé et de Mazagan sont au contraire beaucoup plus soignées et les indigènes semblent y avoir le sens de l'irrigation.

II

La région de Meknès-Fez-Sefrou présente une individualité très nette. L'altitude varie de 350 à 800 mètres. Il y pleut très suffisamment pour que les céréales d'hiver, la vigne, l'olivier, y donnent de beaux rendements. Les pluies accidentelles de juin-juillet permettent même souvent la culture du maïs et du sorgho. Cependant l'irrigation vient le plus généralement suppléer à l'extrême irrégularité des orages et des pluies d'été. La culture fruitière y est très développée, ayant pour débouchés les grandes villes de Fez et Meknès ; on y rencontre des rizières à irrigation continue.

Le trait essentiel est l'abondance et la pérennité des eaux courantes. De hautes assises de calcaires caverneux, alternant avec des bancs de marnes ou grès rouges, et formant deux ou trois gradins régulièrement inclinés suivant une pente assez douce dirigée du sud au nord, tout cela représentant une surface d'environ 3.000 kilomètres carrés, tel est le réservoir d'où s'épanchent les sources magnifiques d'Agouraï, Hadjeb, Aïn Nja, Aïn Sened, Oued Djedida, d'Aïn Cheggaf, Ras el Ma, Aïn Chegag, Aïn Smar.

L'alimentation n'en est pas lointaine, aussi le débit baisse-t-il sensiblement les années sèches ; d'autre part, certaines sources issues du gradin le plus septentrional ne sont que la résurgence des eaux répandues en irrigation au pied de l'étage calcaire supérieur. Ces plateaux forment néanmoins le plus beau réservoir aquifère que j'aie encore rencontré au Maroc. Fez lui doit le perpétuel murmure de ses jets d'eau, la vie de ses moulins et l'évacuation de ses égouts ; la plaine du Saïs, le Sedjaa, lui doivent leurs champs de maïs, la longue file de jardins potagers qui bordent les ruisseaux ; Sefrou et Meknès, leurs vergers ; les oueds Beth, Redom, Mikkès, lui doivent les eaux peu ou mal utilisées qu'ils déversent dans le Sebou.

Dans cette région fortunée, les besoins de l'industrie pourront être satisfaits sans nuire à l'utilisation agricole, grâce à la pente. Certes il y aura peu de grosses usines, la nature ayant divisé les

AIN CHEGAG
près Fez

[illegible] d'habitant, deux ou trois au plus pour les plus [illegible] peut-être, peu établir beaucoup de petites.

Quant à l'utilisation agricole, un problème va se [poser] [illegible] à propos d'autres points du Maroc. Sera-ce là qu'on aura [illegible] leur dans les plaines basses, qu'il conviendra de [faciliter] l'extension de l'irrigation ? L'eau que l'on jettera sur les champs [illegible] pendant la saison chaude, il faut la considérer comme perdue pour ceux du bas : dans toute l'Afrique du nord, non seulement les besoins d'eau sont incomparablement plus grands que les ressources, au point que la recherche et l'évaluation des besoins sont choses oiseuses, mais la terre qu'on irrigue [illegible] ne restitue ni [illegible], ni trop-plein : elle consomme littéralement l'eau. Il faudra donc se placer au [illegible] de polémiques de clocher, et chercher d'abord le sol, [illegible], la situation où l'irrigation donnera un profit plus important. Il faudra, en outre, comme partout, bien distinguer [illegible] irrigations d'hiver et irrigations d'été, les ressources des dernières étant beaucoup moins abondantes.

L'industrie et l'agriculture ne sont pas les seuls besoins à consi[dérer]. Meknès et partout Fez el Bali offrent l'exemple d'un autre emploi : l'utilisation d'agrément.

La plus grande partie des 4.000 et quelques litres à la seconde que débite en moyenne l'oued Fez se divise près du Mechouar de Fez Djedid en deux, puis en trois branches principales, dont l'une retombe dans le lit primitif, s'y mêle aux eaux de trop-plein venues de la décharge de l'Aguedal, est ensuite dérivée à nouveau mais sur la rive droite et va, sous le nom [d'oued] Masmouda, alimenter le quartier dit Adouat el Andlous.

Chaque branche se divise, puis se subdivise à son tour. Comme la pente est très accentuée, des moulins sont placés partout où une hauteur de chute de quelques mètres est disponible. Chaque canal secondaire arrive [illegible] à grand partiteur maçonné, avec des [illegible] grillages calculés suivant le débit réciproque des canalisations particulières qui y prennent naissance. L'unité de mesure est le [illegible]. Plusieurs canalisations particulières devant emprunter le même chemin sont réunies en une seule conduite, et l'eau se partage plus bas dans ce [illegible] [illegible], c'est-à-dire les [illegible] partiteurs [illegible]. C'est même souvent innombrable. Dès qu'une

D.el.le...
CHEGAG
près Fez

eaux en ruisseaux débitant deux ou trois mètres cubes au plus, mais il pourra s'en établir beaucoup de petites.

Quant à l'utilisation agricole, un problème va se poser là comme en bien d'autres points du Maroc. Sera-ce là ou sera-ce plus loin, dans les plaines basses, qu'il conviendra de faciliter l'extension de l'irrigation ? L'eau que l'on jettera sur les champs du haut pendant la saison chaude, il faut la considérer comme perdue pour ceux du bas : dans toute l'Afrique du nord, non seulement les besoins d'eau sont incomparablement plus grands que les ressources, au point que la recherche et l'évaluation des besoins sont choses oiseuses, mais la terre qu'on irrigue en été ne restitue ni colature, ni trop-plein. Elle consomme littéralement l'eau. Il faudra donc se placer au-dessus des polémiques de clocher, et chercher d'abord le sol, le climat, la situation où l'irrigation donnera un profit plus important. Il faudra, en outre, comme partout, bien distinguer entre irrigations d'hiver et irrigations d'été, les ressources des dernières étant beaucoup moins abondantes.

L'industrie et l'agriculture ne sont pas les seuls besoins à considérer. Meknès et surtout Fez el Bali offrent l'exemple d'un autre emploi : l'utilisation d'agrément.

La plus grande partie des 4.000 et quelques litres à la seconde que débite en moyenne l'oued Fez se divise près du Mechouar de Fez Djedid en deux, puis en trois branches principales, dont l'une retombe dans le lit primitif, s'y mêle aux eaux de trop-plein venues de la décharge de l'Aguedal, est ensuite dérivée à nouveau mais sur la rive droite et va, sous le nom d'oued Masmouda, alimenter le quartier dit Adouat el Andless.

Chaque branche se divise, puis se subdivise à son tour. Comme la pente est très accentuée, des moulins sont placés partout où une hauteur de chute de quelques mètres est disponible. Chaque canal secondaire arrive dans un « redà », grand partiteur maçonné, avec des « mechreb », déversoirs grillagés calculés suivant le débit réciproque des canalisations particulières qui y prennent naissance. L'unité de mesure est le « chekel ». Plusieurs canalisations particulières devant emprunter le même chemin sont réunies en une seule conduite, et l'eau se partage plus bas dans ce qu'on appelle les « màda », c'est-à-dire les petits partiteurs secondaires. Ces màda sont innombrables. Dès qu'une conduite se divise il y a une mâda. Placées tantôt dans la muraille, à la façon d'un compteur à gaz, tantôt dans la rue et couvertes d'une dalle, leur plan, leurs cotes et leurs dimensions n'ont jamais été relevés. Les propriétaires des maisons auxquelles est destiné chaque conduit en connaissent à peine l'emplacement et ignorent souvent le nombre de chekel auquel ils ont droit ; seuls les amines de la corporation des « Gouadsi » (1) le connaissent par tradition et comme ils sont chargés de la réparation et du débouchage des conduites obstruées, ils connaissent également parfaitement le point de passage des conduites sous les rues. Chaque mâda communique par un siphon avec les mâda suivantes. Les dimensions des tuyaux de poterie correspondent assez bien au débit et les différences de niveau sont rachetées par des chutes lorsqu'il est nécessaire.

On conçoit avec quelle précaution le moindre ouvrage de voirie, à fortiori le moindre déplacement de conduite, doivent être entrepris dans le vieux Fez, de crainte de jeter une perturbation irréparable dans un système de division à la fois rudimentaire et délicat que l'expérience séculaire a minutieusement et harmonieusement organisé.

Arrivée dans la maison particulière, la mosquée ou la medersa, la conduite aboutit à la vasque centrale. Elle est passée quelquefois auparavant dans une sorte de mâda particulière à plusieurs orifices qui permet au propriétaire d'envoyer l'eau soit à la vasque, soit au « riad » (jardin intérieur des maisons marocaines), soit dans la cuisine, la buanderie ou une fontaine quelconque.

Chaque matin les servantes puisent dans le bassin l'eau dont elles inondent les parquets de mosaïque, et chaque soir celle dont elles arrosent les fleurs du riad. Le jet d'eau dans la vasque, au milieu du patio, est l'âme joyeuse des vieilles demeures de Fez. L'eau c'est un membre de la famille. On s'habitue à son perpétuel murmure comme à un babil familier, et s'il vient à s'arrêter, il semble qu'il y a quelqu'un de mort dans la maison. L'été quand, au-dessus du jet d'eau, les arbres du riad tamisent et tempèrent le soleil, la conque de marbre et son bassin de faïence entretiennent la fraîcheur reposante que l'eau amène des profondeurs du sol. Comme l'eau de Grenade au temps des Mau-

---

(1) De « gadous, » qui signifie au Maroc tube de poterie.

res, celle de Fez a été chantée en vers délicieux ; l'attachement du Fazi pour elle fait partie de cet ensemble de traditions et d'affections communes qui font la cohésion des cités. Mieux vaudrait l'exiler que le priver de son eau.

Mais si cette eau anime et égaie sa maison, le Fazi est trop raffiné pour la boire. Elle a été polluée par les troupeaux dans le court trajet de la source de Ras el Ma à l'entrée dans Fez ; dans la ville elle-même, non couverts et mal défendus, les canaux ont reçu des détritus ; des juives y ont lavé leur linge ; des chevaux y ont été baignés. C'est une eau ménagère précieuse, mais une eau ménagère seulement.

L'eau de boisson vient des dix ou douze sources qui jaillissent dans la ville même, la plupart dans des maisons particulières. Les eaux captées et conduites suivant les mêmes méthodes aboutissent soit à des fontaines publiques où les porteurs d'eau viennent remplir leurs outres en peau de chèvre, soit à des bassins particuliers. Jamais les conduites d'eau potable ne sont confondues avec celles de l'oued Fez. Particulière ou publique, toute fontaine dont le trop-plein alimente une autre fontaine potable est tenue constamment propre. Ce cas d'une fontaine privée ou publique avec trop-plein approprié est extrêmement fréquent.

Il arrive quelquefois aussi que les eaux ménagères sortant d'un bassin particulier passent dans un bain maure ou dans l'abreuvoir d'un fondouk. Il y a ainsi deux ou plusieurs droits de propriété qui se succèdent sur les mêmes eaux, avec des modalités en nombre infini.

Mais la nature a si richement doté d'eaux la ville de Fez qu'en général elles tombent du bassin dans la salle d'ablutions, puis elles entraînent de la maison tous les excreta. Alors après avoir été le charme et l'agrément de la demeure, elles en sont l'hygiène. Un tout-à-l'égout fonctionne à Fez depuis Moulay-Idriss, c'est-à-dire depuis dix siècles.

Comme un réseau de veines correspond à un réseau d'artères, un réseau d'égouts d'évacuations, puis de collecteurs existe dans les rues en dessous des canalisations d'amenée. Pareillement, de même que les canalisations ont leurs gouadsi, les égouts ont leurs boueux qui seuls connaissent leur cheminement compliqué sous les rues et les maisons.

Perpétuellement alimentés par les égouts secondaires, les collecteurs se transforment rapidement en véritables torrents à ciel ouvert. Les deux plus importants sont l'oued Bou Kherareb, qui n'est autre que le lit primitif de l'oued Fez au-dessous de la dérivation de l'oued Masmouda, et l'oued Zehoun, affluent du premier. Ces torrents traversent les bas quartiers du vieux Fez au milieu d'un chaos pittoresque de rochers et de cascades. Des moulins sont établis tout le long de leur parcours, et les meuniers sont chargés du curage hebdomadaire des collecteurs, charge assez lourde, paraît-il.

Au sortir de Fez, l'oued Bou Kherareb subit deux saignées importantes, une sur chaque rive. Ces séguias irriguent d'abord le groupe de beaux vergers qui commence à Fez pour finir sur les rives du Sebou, à quatre kilomètres plus bas, puis ce qu'on appelle les « bahira », c'est-à-dire les plaines voisines du fleuve qui sont couvertes de cultures maraîchères.

Le partage d'eau se fait par rotation de sept jours et par fractions de journées ; on réserve plutôt l'eau de la nuit aux vergers, et aux bahira celle de la journée, laquelle se mesure au moyen de l'unité appelée « fas » (la pioche). C'est la quantité d'eau suffisante pour couler à pleins bords dans une rigole maraîchère sans dégrader les planches, et s'écoulant depuis le lever du soleil jusqu'à la fin du jour, avec un tour revenant toutes les semaines. En pratique, il y a une telle surabondance d'eau que le partage donne rarement lieu à des conflits.

D. A. Louguet, imp.

Un des entonnoirs cratériformes
du PLATEAU DE TIMADHT (prof. 80 mètres)
au fond cratère du Djebel Hebri couvert de cèdres

Des hauts plateaux de Beni-Mguild, je n'ai visité que celle de Tigrigra, dont l'altitude dépasse 1,000 mètres et qu'arrosent les eaux sorties du socle calcaire supportant les coulées éruptives du plateau d'Ifoudhil, table presque horizontale que les poussées volcaniques ont percée et recouverte, et qui se trouve à une altitude moyenne de 2,000 mètres. Avec ses vastes entonnoirs cratériformes (1), ses sols lavés presque à nu, et aussi fissurées, sinon plus, que les assises calcaires d'Itzljeb, ses vastes bords boisés de cèdres et de chênes verts, elle constitue aussi un puissant réservoir et son importance hydrologique ne le cède en rien à celle que nous venons d'étudier.

Elle a avec eux ce caractère commun d'être presque entièrement dépourvue d'eau à la surface.

Le poste de Timadhit est d'installation trop récente pour que les observations aient pu fixer sur la pluviométrie annuelle, mais il m'a semblé, à l'aspect de la flore et spécialement à la richesse des lichens et des mousses, que les pluies devaient y être particulièrement fréquentes ainsi que les brouillards estivaux.

Quant aux irrigations de la plaine de Tigrigra, je les ai traversées trop rapidement pour apprécier leur valeur. On m'a signalé que celles d'hiver y étaient plutôt négligées car on ne fonctionne guère sur de maigres [?] prairies, c'est-à-dire récemment, car contre fois à préparer les champs de maïs avec deux labours croisés. J'ai vu les planches disposées en vue de l'arrosage. Tout cela m'a paru soigné et bien compris.

Le partage d'eau entre fractions de tribu sur le même cheptel se fait par temps. Entre parents de la même tribu, le partage se

---

(1) J'en ai visité un en existait près de 100 mètres de diamètre sur 10 mètres de profondeur. Le fond était rempli d'un pâturage excellent sur riche prairie de mai.

III

Des hautes plaines de Beni Mcguild, je n'ai visité que celle du Tigrigra, dont l'altitude dépasse 1.000 mètres et qu'arrosent les eaux sorties du socle calcaire supportant les coulée éruptives du plateau de Timadhit, table presque horizontale que les poussées volcaniques ont percée et recouverte, et qui se trouve à une altitude moyenne de 2.000 mètres. Avec ses vastes entonnoirs cratériformes (1), avec ses laves presque à nu, et aussi fissurées, sinon plus, que les assises calcaires d'Hadjeb, avec ses rebords boisés de cèdres et de chênes verts, elle constitue aussi un puissant réservoir et son importance hydrologique ne le cède en rien aux plateaux que nous venons d'étudier.

Elle a avec eux ce caractère commun d'être presque entièrement dépourvue d'eau à la surface.

Le poste de Timadhit est d'installation trop récente pour que les observations aient pu fixer sur la pluviométrie annuelle, mais il m'a semblé, à l'aspect de la flore et spécialement à la richesse des lichens et des mousses, que les pluies devaient y être particulièrement fréquentes ainsi que les brouillards estivaux.

Quant aux irrigations de la plaine du Tigrigra, je les ai traversées trop rapidement pour apprécier leur valeur On m'a signalé que celles d'hiver y étaient plutôt négligées car elles ne fonctionnent qu'en cas de manque de pluie, c'est-à-dire rarement. Par contre j'ai vu préparer les champs de maïs avec deux labours croisés ; j'ai vu les planches disposées en vu de l'arrosage. Tout cela m'a paru soigné et bien compris.

Le partage d'eau entre fractions de tribu sur la même séguia se fait par temps. Entre irrigants de la même tribu, le partage ne

---

(1) J'en ai visité qui mesuraient près de 500 mètres de diamètre sur 80 mètres de profondeur. Le fond était tapissé d'un pâturage excellent sans aucune plante de marais.

s'opère par volume que si le débit est très considérable. La rotation suit l'ordre des champs ; celui des irrigants à qui l'eau a été coupée est celui qui recommence à arroser lorsque revient le tour de la fraction.

Le débit de l'oued Tigrigra semble être assez puissant pour que les partages entre prises successives ne nécessitent pas d'arrangements spéciaux.

IV

Le pays des Rehamna et des Skharna, la plaine du Tadla, la vallée du Tensift forment un ensemble à part. Les pluies de printemps peuvent parfois y assurer une récolte d'orge ou de blé, il est rare qu'elles n'y déterminent pas au moins une poussée d'herbe; mais la sécheresse et la chaleur de l'été ne permettent aucune culture estivale sans irrigation. La culture de l'olivier en terre sèche n'y a jamais été essayée.

Celles de ces plaines qui bordent la lisière nord de l'Atlas sont richement pourvues d'eau courante en hiver et au printemps et les irrigations du Haouz sont à juste titre réputées. Je leur consacrerai un chapitre spécial.

Les autres sont pauvres en eau courante comme en eau souterraine, au point que les indigènes laissent des pâturages inutilisés faute de pouvoir abreuver les troupeaux. Le service des Renseignements a commencé le forage de puits et projette de créer des citernes là où les recherches d'eau resteraient infructueuses.

La véritable mise en valeur du pays sera obtenue par son irrigation en grand au moyen des oueds Tessaout et El Abid, grandiose projet que je ne puis qu'indiquer car aucune étude poussée n'en a été faite, mais tous ceux qui connaissent la région le considèrent comme parfaitement réalisable.

On montre encore près d'El Kalaa les vestiges de la fameuse Seguia Yacoubia, creusée par le sultan Moulay Yacoub qui voulait amener à Safi au bord de l'Océan les eaux de l'oued Tessaout. Le sultan ignorait les formules d'hydraulique et la section de son canal était ridiculement petite. Aussi bien, la seguia ne dépassat-elle jamais la plaine d'El Bahira.

Le beau débit de l'Oum er Rebia a depuis longtemps attiré l'attention des industriels et plusieurs projets d'aménagement de chutes ont été étudiés. Je serais désolé de décourager des initiatives, mais étant donnée la valeur incomparablement plus grande de l'utilisation agricole des eaux, je suis certain qu'une politique hydraulique bien conçue cherchera d'abord à les employer là où on peut organiser l'irrigation, c'est-à-dire ainsi que nous venons de le voir, dans les plaines du Tadla et le long des gros affluents du fleuve. Si les aménagements sont poursuivis avec méthode, il ne restera plus au fond des oueds Tessaout, Lakhdar, El Abid, etc. et de l'Oum er Rebia lui-même, qu'un volume insignifiant. Le fleuve imposant deviendra, en été, un colateur d'eaux usées et saumâtres. Ce serait donc se préparer des déboires peut-être proches que d'engager des capitaux dans un captage difficile (la pente est faible), alors que le débit disponible baissera d'année en année.

Le Tensift, forte et rapide rivière lors de la fonte des neiges ou après un orage, n'est plus qu'un filet d'eau saumâtre en temps ordinaire. Aussi les irrigations d'été entretenues par les séguias qui s'y branchent sont-elles précaires et médiocres. Celles d'hiver n'ont pas l'étendue qu'elles pourraient atteindre parce que les crues, démolissant les légers barrages de fortune faisant prise d'eau, ne donnent jamais au sol le profit de leurs eaux abondantes et limoneuses.

L'utilisation des crues du Tensift sera à envisager un jour et il serait nécessaire d'étudier son régime dès à présent.

L'OUM ER REBIA à AZEMMOUR

V

Avant d'aborder l'étude des originales irrigations du Haouz de Marrakech, il me paraît logique de décrire un de ces torrents qui, issus des hautes cimes de l'Atlas, entretiennent des cultures tout le long de leur cours et viennent s'épandre sur les céréales de la plaine.

J'ai choisi l'oued Riraya; c'est le seul que j'aie pu visiter depuis son origine. Le régime de ses voisins l'Ourika et le Redat lui ressemble beaucoup, et celui de l'oued Nefis n'en diffère que par une irrégularité plus grande.

La branche principale du Riraya naît entre le Djebel Toubkal et l'Ouemkrine, géants de 4.100 et 3.900 mètres d'altitude. C'est d'abord un torrent sauvage qu'alimente la fonte des neiges au printemps et les réserves enfouies au fond des pierriers en été. Il court en grondant au fond d'une vallée de trachytes sombres et de porphyres rouges, puis arrivé dans le site chaotique où la légende indigène place le tombeau de Sidi Chameharouch, il reçoit sur sa droite un affluent issu du couloir menant à Tizi Tar'ret.

Un peu plus bas, à 2.100 mètres d'altitude, s'amorce la première séguia d'irrigation; elle n'arrose guère que des prairies artificielles. Puis trois autres rigoles s'ouvrent en aval et irriguent les terrasses de culture appartenant aux gens d'Arremd.

Les prises d'eau ressemblent exactement à celles que l'on voit dans les torrents des Alpes. Un barrage rustique en branchages et grosses pierres roulées, souvent même en pierres roulées seules, dérive une partie plus ou moins importante du ruisseau. Parfois des brise-courant sont rangés à trois mètres devant la prise. Ce sont des pyramides de cinq ou six grosses pierres entassées, alignées régulièrement, parallèlement au barrage.

Les premiers noyers apparaissent à 2.000 mètres d'altitude. Notons en passant que dans la vallée de l'oued Iminan, affluent du Riraya et dans celle de Tasseldeï, au süd du Toubkal, les cultures arrivent à 2.200 mètres. (1)

La plaine d'Arremd une fois traversée, l'oued quitte cet ancien lac et s'engage dans une courte gorge au milieu d'énormes éboulis de roches volcaniques. Malgré les difficultés, les Berbères ont pu y installer cinq dérivations, deux à droite, trois à gauche du torrent ; ce sont les principales artères qui apportent la vie aux admirables cultures des Aït Mezane, dans le carrefour où deux vallées symétriques débouchent sur la large nappe d'éboulis du Riraya (altitude 1.800 mètres). L'évasement de la vallée produit là un véritable cirque dont les gradins seraient les terrasses étagées et dont les groupes de spectateurs seraient les petits villages de Targa-Imoula, Taourirt, Oum Ziken, etc. C'est un des points les plus pittoresques de la haute vallée, avec les fraîches verdures des prairies dans le lit même du torrent, les noyers ombrageant les rigoles sur les premières pentes, et surtout les innombrables murettes retenant les terres, soignées comme elles le sont dans tous les pays de montagne.

Au dessus de ce paysage riant, et séparée par la séguia, limite absolue, commence l'aridité des pentes non arrosées. Entre le froid rigoureux de l'hiver et la sècheresse continue de l'été, il ne s'intercale aucune période pluvieuse et tempérée ; la végétation herbacée annuelle reste fruste, chétive et fait déjà penser au Sahara. Comme végétaux vivaces, un cytise à feuilles charnues, les boules épineuses de l'ifski (deux variétés), et quelques rares thuyas rabougris offrent aux troupeaux de chèvres, d'ailleurs clairsemés, une nourriture misérable.

Le cirque des Aït Mezane reçoit aussi un peu d'eau de trois ruisseaux qui descendent, l'un du flanc nord de l'Amserdine, l'autre du col menant à l'Iminan et le dernier d'une vallée par où l'on peut gagner le pays des Goundafas. Mais ces trois ruisseaux sont sujets au tarissement à peu près complet, tandis que de mémoire d'homme on n'a jamais vu le Riraya tarir en cet endroit.

Les dérivations, remises chaque année en état au mois d'avril

---

(1) Il semble que d'une façon générale les cultures arrivent plus haut sur le versant sud. Ainsi la Séguia dite de Si Hamou dérivant une partie des eaux de l'Agoundis pour les conduire dans la vallée d'Ouamoumen, s'amorce à 2800 mètres d'altitude et les irrigations commencent à 2400 mètres.

coulent sans interruption jour et nuit jusqu'à l'arrivée des gelées d'automne. (1) Le tour d'eau revient en général chaque semaine sans que cette règle soit absolue, car les différentes cultures ne nécessitent pas la même quantité d'eau. Les Djemaas ont qualité pour modifier continuellement la distribution. On peut se prêter son tour d'eau, mais les transactions définitives moyennant deniers sont inconnues. D'ailleurs les arrosages se font en suivant la pente naturelle de la rigole et la trop complète liberté des transactions serait vite une gêne pour tous. Il est interdit de créer un nouveau " feddane " (appellation arabe de la terrasse de culture) sans l'approbation de la Djemaâ, et cela pour deux raisons : d'abord parce que les étroites vallées de cette partie de l'Atlas, avec leurs pentes qui dépasse 1/1, ne se prêtent à la culture que grâce aux aménagements de terrasses soutenues par des murettes de pierre et limitées à la mince bande de terrain séparant la rigole du thalweg ; ensuite parce que l'eau est considérée comme l'accessoire de la terre, accessoire indispensable qui revient de droit au sol cultivé du fait même de l'existence de ce sol, et comme le débit de la séguia commune ne peut guère être augmenté sans de gros travaux communs, on conçoit très bien que la limitation des aménagements de culture soit une mesure de prudence collective.

Si la rigueur des partages d'eau entre gens de même village est tempérée par les accords particuliers, le partage entre deux villages, irrigant avec l'eau d'une même séguia, est beaucoup plus strict. Il peut néanmoins être modifié, notamment en cas de pénurie extrême, mais j'ai cru comprendre que les arrangements entre villages n'étaient pas toujours aisés, surtout lorsqu'ils portaient, non sur le débit de la même séguia, mais sur deux dérivations se succédant le long du torrent. C'est l'éternelle querelle des usagers d'amont et des usagers d'aval. Au demeurant, le Chleuh est extrêmement ombrageux quand l'étranger aborde avec lui ce sujet délicat, même dans une conversation familière. Il entend que personne ne se mêle de ses démêlés avec le voisin.

Le long des rigoles principales il est permis à tout usager de planter des noyers ; l'arbre devient propriété privée alors que le

---

(1) Il arrive cependant qu'on coupe l'eau pendant la nuit pour certaines séguias très exposées aux dégradations.

sol reste propriété commune. Au contraire appartient à tous l'herbe qui pousse là où une fuite incurable laisse continuellement l'eau de la séguia s'infiltrer et couler sur les flancs de la montagne. Le moulin établi sur la séguia est également propriété privée. Son droit à la chute comporte les mêmes obligations que celles des irrigants en ce qui concerne les réparations, et généralement le meunier assume l'entretien de la rigole pendant tout le temps où elle ne coule que pour lui, en hiver par exemple.

Les cultures sont très soignées; la règle générale est de faire produire deux récoltes à la terre :

1° Blé et surtout orge; de novembre à juin.

2° Maïs ou sorgho; de juin à octobre.

Le maïs est parfois remplacé par de la luzerne, par des navets, même par des pommes de terre. Pour mémoire il faut signaler aussi la culture de l'iris mauve, pratiquée sur les bordures des terrasses de retenue. Les rhizômes sont vendus à Marrakech pour la parfumerie.

Le blé et l'orge sont arrosés rarement en automne, presque jamais en hiver, et à intervalles éloignés en avril-mai. Les cultures d'été le sont au contraire régulièrement.

Une utilisation aussi intensive d'une surface restreinte épuiserait vite le sol sans fumure régulière. Les berbères savent la valeur du fumier; non seulement ils utilisent celui des étables, mais ils vont à grand' peine chercher dans les " azib " (enclos et abris de troupeaux de la haute montagne), à 3.000 mètres d'altitude et plus, celui des moutons et chèvres qui y ont estivé. Ils le rapportent sur leur dos quand les ânes ne peuvent pas y accéder, et deux fois par an ils répandent ce précieux fumier sur les champs au moment de l'ensemencement. Il y a là un effort admirable.

Comme instruments agricoles, la charrue, la piochette à une dent, la sape et la bêche à cordes (1) pour le creusement rapide des rigoles au milieu des planches d'irrigation.

A côté de ces cultures, la prairie artificielle mérite une mention toute spéciale. C'est elle qui fournit le fourrage dont se nourrira le bétail pendant la saison des neiges et l'herbe verte que bœufs et vaches paîtront tout l'été. On la crée le plus souvent dans le torrent, sur les délaissés des anciennes grandes

---

(1) " Ibouda " en chleuh.

MASSIF DU TOUBKAL
L'Oued Riraya à l'altitude de 2800^m

cros. La [illegible] à [illegible] plusieurs violente [illegible] que le lit [illegible], [illegible] le lit incline [illegible] et quelque [illegible] la chaude remue [illegible], sinon le second [illegible], du moins avec le minime profil et à peu près au même endroit. Les Djedars répartissent [illegible] le plus aisément du monde.

L'irrigation n'est continue ni [illegible] les [illegible] n'abreuvent pas tous [illegible]. Dès que la rigole [illegible] dans le champ, elle est [illegible], les rigoles [illegible] des [illegible] entretenus très intelligemment. Il n'y manque que la synthèse pour ressembler à nos réseaux d'irrigation des Vosges.

Plus la pente est accusée et moins on voit les [illegible] enrichir le pâturage. [illegible] il est [illegible] chaque année avec les fonds de [illegible]. On arrête l'eau [illegible] de temps à autre notamment avant la coupe de foin, qui est en général l'unique récolte de foin d'année. Lorsque les prairies sont bien entretenues, comme dans la vallée du Tifnout, on ne laisse pas le bétail y pénétrer. [illegible] attache les vaches [illegible] pâturage et leur apporte le [illegible] qu'il a coupé. Chez les Aït [illegible] on ne déploie pas ce soin minutieux et les prairies artificielles très belles en mai, le sont beaucoup moins en été. Elles n'en sont pas moins le principal pâturage des bovins. [illegible] ne sont conduits en haute montagne que lorsque des pluies d'été y ont fait pousser de l'herbe.

J'ai essayé d'évaluer la superficie cultivée [illegible] tique des Aït Mezane[illegible], autant qu'il est possible d'évaluer [illegible] montagne et en juger des surfaces aussi fragmentées, je l'estime à [illegible] hectares. La population des neuf villages qui bordent [illegible] doit [illegible] dépasser 1.000 habitants, ce qui fixerait [illegible] le nombre d'habitants correspondant à un hectare de [illegible]. [illegible] à des calculs semblables, dans les hautes vallées du Tifnout (Aït [illegible] sud du [illegible]) j'arrivais à une [illegible] analogue: [illegible] habitants. Ces proportions rappellent [illegible] les plus fortes populations des [illegible], [illegible] ne sont [illegible] que dans certaines parties de la Kabylie. La différence [illegible] de même la Kabylie étant presque également arrosée [illegible] l'eau de pluie. Tout leur sol n'a à peu près [illegible] ce [illegible] et produit [illegible] tandis qu'ici, dans les hautes vallées de cette partie de l'Atlas, la proportion du sol qui est cultivé par rapport à ce qui ne l'est pas doit à peine atteindre 5 pour cent.

Plus au nord, sur les contreforts et les plateaux qui bordent

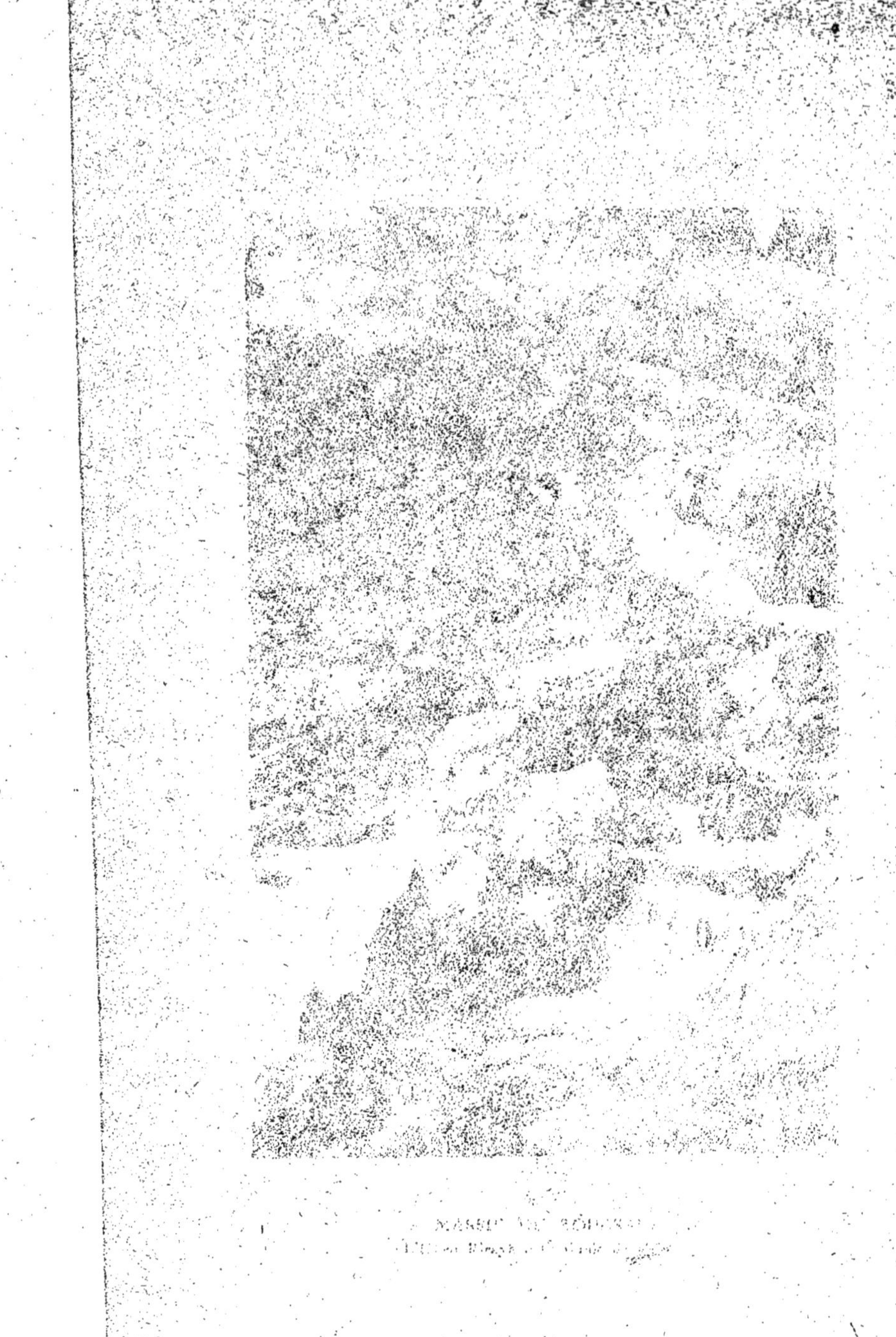

crues. La propriété du sol est privative. Si une crue très violente nivelle enclos et murettes de séparation, déplace le lit mineur de la rivière et modifie entièrement le relief, le champ se reconstitue aussitôt après, sinon avec les mêmes limites, du moins avec la même superficie et à peu près au même endroit. Les Djemaas règlent ces questions le plus aisément du monde.

L'irrigation y est continue. Les rigoles d'amenée ne sont pas très longues. Dès que la rigole pénètre dans le champ, elle est déversante; les filioles courent sur des ados entretenus très intelligemment. Il n'y manque que la symétrie pour ressembler à nos réseaux d'irrigation des Vosges.

Plus la pente est accusée et moins on voit les renonculacées envahir le pâturage. D'ailleurs il est ressemé chaque année avec les fonds de greniers. On arrête l'arrosage de temps à autre, notamment avant la coupe de juin, qui est en général l'unique récolte de foin de l'année. Lorsque les prairies sont bien entretenues, comme dans la vallée du Tifnout, on ne laisse pas le bétail y pénétrer : le berger attache les vaches au voisinage et leur apporte le vert qu'il va couper. Chez les Aït Mezane on ne déploie point ce soin minutieux et les prairies artificielles, très belles en mai, le sont beaucoup moins en été. Elles n'en sont pas moins le principal pâturage des bovins, car ceux-ci ne sont conduits en haute montagne que lorsque des pluies d'été y ont fait pousser de l'herbe.

J'ai essayé d'évaluer la superficie cultivée du cirque des Aït Mezane, autant qu'il est possible d'évaluer en montagne et au jugé des surfaces aussi fragmentées. Je l'estime à 40 hectares. La population des neuf villages qui bordent le cirque ne doit guère dépasser 1.000 habitants, ce qui fixerait à 25 le nombre d'habitants correspondant à un hectare de terre cultivée. En me livrant à des calculs semblables dans les hautes vallées du Tifnout (au sud du Djebel Toubkal) j'arrivais à un chiffre analogue (20 habitants). Ces proportions rappellent la densité des populations des oasis; elles ne sont dépassées que dans certaines parties de la Kabylie. La différence provient de ce que la Kabylie étant principalement arrosée par l'eau du ciel, tout son sol ou à peu près est aménagé et produit, tandis que dans les hautes vallées de cette partie de l'Atlas la proportion de ce qui est cultivé par rapport à ce qui ne l'est pas doit à peine atteindre 3 pour cent.

Plus au nord, sur les contreforts et les plateaux qui bordent la chaîne et dont l'altitude varie de 1.000 à 1.400 mètres les conditions changent. Il y pleut dans une période de l'année où le froid est moins rigoureux ; le calcaire, le grès et l'argile remplacent les roches éruptives ; les pentes sont douces ; on laboure, on sème de l'orge, du seigle ou du blé, et l'on obtient une récolte sans irrigation. Je m'excuse d'insister encore sur cette constatation, mais on entend si souvent émettre des espérances démesurées sur les richesses hydrauliques, forestières et agricoles de l'Atlas qu'une mise au point est nécessaire. Le public qui s'intéresse au Maroc doit savoir que dans ce massif de l'Atlas et sans doute dans bien d'autres, les montagnes hautes sont aussi chauves que les pires steppes du sud oranais ; les cultures y réclament l'eau d'irrigation plus impérieusement encore que dans la plaine de Marrakech, et si plus tard les nécessités obligeaient à priver les habitants de leur eau, ce serait pour eux un arrêt d'expulsion.

Économiquement parlant, que valent ces cultures ? Pas grand' chose ; ce sont des cultures vivrières dont l'une tout au moins, le blé, est mal adaptée au sol. Les récoltes de céréales sont pauvres. Le même travail, le même soin appliqués sur les terres du Haouz rapporteraient bien plus ; mais il y a un obstacle capital à tout changement, le défaut absolu de voies de communication. La seule exportation est celle des noix sèches, portées à dos d'âne ou même à dos d'homme jusqu'aux marchés de la plaine.

Ainsi à douze lieues de Marrakech, ville presque saharienne mais débouché considérable, des fonds de vallée dont le climat rappelle l'Auvergne lorsque l'eau les vivifie, produisent juste les quelques champs étiques d'orge et de blé nécessaires à la nourriture d'une population très sobre. Je n'ai jamais rencontré dans l'Afrique mineure de pays où la création d'une voie de trafic, d'une simple route, transformerait aussi radicalement et aussi vite, j'en suis sûr, toutes les conditions économiques, sans parler des conditions politiques.

Après l'évasement des Aït Mezane, la vallée devient étroite, encaissée et les espaces cultivés sont très restreints.

Sur la rive droite, les petits villages de Taddert et Tinitine ont à peine la place de cultiver une dizaine d'hectares. Sur la rive gauche, la belle séguia d'Ausseft court d'abord sur quatre kilomètres le long d'un flanc de vallée abrupt avant d'apporter à ce

L'OUED RIRAYA chez les AIT MEZANE
(Prairies artificielles irriguées au milieu des éboulis)

CIRQUE DES AIT MEZANE vu d'OUM ZIKEN

Les cultures en terrasses étagées — Noyers et séguias d'irrigation

village et à ses champs l'eau du Riraya. A Tinitine on rencontre les premiers oliviers, quelques caroubiers ; puis à deux kilomètres plus loin le décor change ; aux roches éruptives, aux schistes primaires, le calcaire jurassique succède brusquement, tandis que la flore steppique fait place à la végétation méditerranéenne. Le lentisque abonde avec les chênes nains, le genêt, le cyste et la lavande ; au milieu des cultures le frêne, le figuier, l'olivier voisinent avec les noyers. L'Andalousie après le Tell. Est-ce un effet du climat moins sec l'été et plus tempéré l'hiver ? Ou est-ce dû au sol ? Je ne sais.

Les prises d'eau se succèdent, tantôt à droite, tantôt à gauche. Le genre et l'aspect des cultures sont les mêmes que plus haut ; toujours deux récoltes par an : orge puis maïs. Le sol paraît plus riche.

Toutes ces saignées finissent par affaiblir le torrent et quand il entre dans le cirque des Aït Ali, nouvel évasement de la vallée, il n'offre plus le beau débit qu'il avait dans la gorge d'Arremd. Néanmoins il alimente encore largement les nombreuses dérivations des Aït Ali.

Un kilomètre plus bas, le Riraya reçoit sur sa droite l'oued Iminan, dont le débit est égal au sien au printemps, mais qui lui est sensiblement inférieur en été. L'Iminan prend sa source au flanc de l'Amserdine. Il arrose sur son cours les cultures de six villages.

Ainsi grossi, le torrent pénètre dans le large cirque de Tamarhout (altitude 1.100 mètres), ancien lac qui fut sans doute tributaire de l'oued Nefis et que vida la coupure des gorges de Moulay Brahim. Tamarhout est la transition entre la haute et la basse vallée.

Là tous les arbres se rencontrent auprès des séguias, l'olivier, le noyer, le frêne, le pistachier, le caroubier, le peuplier, le figuier, l'amandier et même le palmier, d'ailleurs rare et laissé à l'abandon. Les cultures sont étendues et le sol ne faisant pas défaut, beaucoup de champs ne portent qu'une récolte par an. C'est plutôt l'eau qui est rare. En juillet 1917 elle coulait encore abondamment, mais on m'a assuré qu'après un hiver sec quelques séguias finissaient par manquer d'eau en été.

Une dizaine de villages, avec Asni comme chef-lieu, vivent sur trois cents et quelques hectares de céréales et d'oliviers irrigués. On commence à rencontrer aussi des champs de céréales non irrigués. Le plateau de Kik qui borde au nord le cirque de Tamarhout offre un exemple de cultures de céréales en terre sèche.

Les eaux du Riraya, qui étaient claires à leur arrivée dans le cirque de Tamarhout, s'y chargent en coupant les argiles du Trias, d'un limon rougeâtre et d'un peu de sel en quantité d'ailleurs négligeable.

Les gorges de Moulay Brahim, couloir étroit de deux kilomètres de longueur taillé dans des schistes noirs, ont été plusieurs fois décrites par les voyageurs, notamment par Douté. On a même envisagé la possibilité d'y créer un barrage de retenue. Nous verrons plus loin ce qu'il convient de penser de ce projet.

Lorsque le Riraya s'assèche, les eaux reparaissent à hauteur de Moulay Brahim. Cette résurgence est due à deux causes : 1º La présence d'un système de sources et d'infiltrations issues des assises calcaires formant le plateau de Kik ; 2º Le cours souterrain du torrent. Il est à remarquer en effet que toute la vallée du Riraya, depuis la gorge d'Arremd, est une vallée comblée à pente à peu près constante. Nul seuil, nulle cascade ; le fond rocheux de la vallée n'apparaît nulle part. Certes le remplissage ne doit pas être bien profond, le profil en travers de la vallée le démontre, mais il est suffisant pour permettre à une partie de l'eau du torrent de couler sous ses apports (sables grossiers et cailloux roulés). Ainsi, rien d'étonnant à ce que les eaux disparaissent puis reparaissent par endroits. Le phénomène de rivières à éclipses est très fréquent en montagne.

La basse vallée du Riraya commence au débouché aval des gorges de Moulay Brahim. Les cultures sont identiques à celles de la plaine avec cette différence qu'on y sème en terres non irriguées aussi bien qu'en terres arrosées. Les années à printemps pluvieux, comme 1917, les premières donnent même un plus beau rendement que les secondes. Il ne s'agit bien entendu que des cultures d'hiver, car le maïs et les vergers d'oliviers sont toujours arrosés.

Cinq villages, dont deux importants (Tahnaout et Es-Sour) sont groupés autour du torrent, près de son débouché définitif dans la plaine.

Les onze séguias d'irrigation qui se branchent sur le Riraya

[illegible] [illegible] aussi que [illegible] de [illegible]
[illegible] borne [illegible]
[illegible]

[illegible]

[illegible]
[illegible] dans [illegible] plusieurs
[illegible] Dante. On [illegible]

[illegible]
[illegible]

MOYENNE VALLÉE DU RIRAYA
Oliviers à Asni

en amont de la prise d'eau de la Bachia, séguia destinée à l'A-guedal de Marrakech, sont fermées en tout ou partie en cas de pénurie afin qne la Bachia conserve son débit ordinaire. C'est le premier règlement d'eau que l'on voit appliqué sur l'oued Riraya, du moins c'est le seul qu'on signale au voyageur. Évidemment la volonté du Makhzen l'emporta un jour sur l'usage traditionnel et fit loi. Les gorges de Moulay Brahim ont marqué bien long-temps, en effet, la limite de l'indépendance berbère; en aval des gorges commence, sinon le Haouz de Marrakech, du moins la zone où le Sultan était capable de faire respecter ses décisions.

Parmi les séguias qui s'amorcent sur la rive gauche, près d'Es-Sour, deux méritent une mention spéciale. L'une s'écarte nettement du torrent et court vers l'ouest; elle aboutit, après un parcours d'une douzaine de kilomètres, sur les domaines des gens d'Oumenast et plus particulièrement du Caïd des Sektana. Coulant l'hiver à pleins flots, elle a un débit assez misérable l'été. L'autre ne dérive pas les eaux coulant en surface, mais commence par une galerie captante souterraine dans les caillou-tis qui avoisinent le lit du torrent; elle aboutit au village de Tameslouht. Son eau est très limpide et diminue peu l'été, ce qui confirme l'hypothèse d'un cours d'eau souterrain doublant le cours d'eau superficiel.

Les autres grandes dérivations naissent sur la rive droite. Leur débit est très inégal; il est à peu près nul l'été. Leurs eaux sont répandues sur le cône de déjections du Riraya. La plus longue et la seule qui ne tarisse pas, c'est la séguia Bachia, qui mesure près de 30 kilomètres, avec une pente moyenne de sept millimètres par mètre.

Bien qu'elle appartienne toute entière en principe au Ma-khzen, comme étant l'utilité de jardins Makhzen, il semble que les populations riveraines se sont arrogé un droit sur une partie de ses eaux. Fut-ce le résultat de la faiblesse ou de l'incurie des Amine el Amelak? Fut-ce un droit accordé légalement? il ne m'appartient pas de le rechercher. Quoiqu'il en soit, j'ai pu constater que le long du canal et principalement dans la par-tie haute, des saignées innombrables étaient pratiquées, au point que le débit, qui devait approcher de 800 litres-seconde près de la prise, n'était plus guère que de 200 litres à l'arrivée. Les eaux ainsi soustraites arrosaient des champs de blé ou d'orge et même des cultures potagères. D'autre part, la section du canal à son arrivée est telle qu'il lui serait impossible de contenir le débit originel.

Aux approches de Marrakech, une série d'une dizaine de moulins est installée sur le parcours du canal. Ces moulins paient une redevance au Makhzen.

Enfin près de l'Aguedal, un partiteur cimenté a été construit récemment. Il divise l'eau entre l'Aguedal d'une part, destination traditionnelle, la ville de Marrakech et celle du Gueliz d'autre part, qui furent dotées d'un supplément d'eau non potable, supplément que le Makhzen cède gratuitement.

Quand à l'oued Riraya, le peu d'eau que ces grosses dérivations lui laisse serpente dans un lit mineur de moins en moins large et finit par s'évanouir. Pendant les trois mois de fonte des neiges et lors des gros orages, le torrent amène cependant par ses deux branches terminales un volume très appréciable à l'oued Tensift.

A ma connaissance il n'a pas été fait de jaugeage dans l'oued Riraya. J'ai estimé le débit, le 13 mai 1917, à quatre mètres cubes-seconde dans les gorges de Moulay Brahim et le 13 juillet suivant, au même point, à un mètre cube-seconde; mais on sait combien l'appréciation d'un débit sans mesures directes est chose difficile; aussi je donne ces chiffres ainsi que ceux qui vont suivre et qui résultent de calculs établis d'après des indications assez vagues fournies par les riverains, sous les plus expresses réserves. Je crois cependant être plutôt au-dessous de la vérité en estimant que le débit moyen fut pendant l'année agricole 1916-1917, le suivant :

Août 1916	1 mètre cube par seconde.
Septembre	1 — — — —
Octobre	1 — — — —
Novembre	2 — — — —
Décembre	2 — — — —
Janvier 1917	1 — — — —
Février	2 — — — —
Mars	3 — — — —
Avril	3 — — — —
Mai	3 — — — —
Juin	2 — — — —
Juillet	1 — — — —

27

La quantité d'eau roulée par le torrent et répandue en grande partie dans la plaine aurait donc été, en chiffres ronds, de 57 millions de mètres cubes du 1er août 1916 au 31 juillet 1917; ce total ne comprend pas ce qui a été absorbé et consommé en été au-dessus des gorges de Moulay Brahim, quantité qui ne doit pas dépasser un mètre cube-seconde pendant un peu plus de trois mois, soit 7 millions de mètres cubes.

Le bassin versant mesure environ 160 kilomètres carrés au-dessus des gorges. Le chiffre de 64 millions de mètres cubes représenterait donc le débit de 12 litres 8 par seconde et kilomètre carré de bassin versant, ce qui donne une hauteur d'eau de 40 centimètres (1) tombée pendant la période envisagée.

Comparaison avec les Alpes dauphinoises :

Eau d'Olle, affluent de la Romanche :

Bassin versant..................................	168 Kmq
Débit moyen par Kmq et seconde. (sur 6 ans)....	33 L. 90
Hauteur d'eau correspondante..................	1 m. 39

Courbe moyenne des débits 1910-1911 :

Janvier	4 mc 193	Juillet......	16 mc 913
Février	3 — 378	Août.......	9 — 946
Mars.......	3 — 372	Septembre..	5 — 350
Avril.......	6 — 275	Octobre	6 — 845
Mai........	13 — 403	Novembre ..	5 — 785
Juin	27 — 823	Décembre ..	5 — 795

Mais n'oublions pas que tous ces chiffres ne sont que des évaluations et retenons simplement :

1° — Qu'au cours d'une année pluvieuse, le Riraya semble donner comparativement trois fois moins d'eau qu'un torrent des Alpes.

2° — Que sa courbe de débit atteint le minimum en septembre-octobre, se relève légèrement jusqu'en décembre, rebaisse à nouveau en janvier, s'élève d'abord lentement, puis brusquement fin mars, pour atteindre le maximum fin avril.

3° — Que les années sèches, son débit peut tomber à zéro en quelques points de son parcours.

4° — Que nous n'avons aucun renseignement, même appro-

---

(1) Plus ce qui est évaporé sur place.

ché, sur le débit et la fréquence des crues subites dues aux orages ou à une fonte brusque des neiges.

Ce dernier débit est du reste perdu pour la région, puisque les eaux des crues subites renversent rapidement tous les ouvrages légers de prise et vont, par le Tensift, se jeter dans l'Océan. Aussi ne l'ai-je pas fait entrer en ligne de compte.

A leur arrivée dans la plaine, les eaux dérivées s'épanchent sur toute la partie haute du cône de déjections, c'est-à-dire sur une surface d'environ 100 kilomètres carrés.

Les céréales que j'y ai vues avaient reçu, certaines parcelles, quatre irrigations, quelques autres cinq, mais le plus grand nombre n'en avait reçu que trois. Au mois de mai les récoltes avaient bel aspect, le blé surtout ; une partie de l'eau s'en allait en colatures, n'arrosant rien, sans parler de ce qui coulait encore dans le lit naturel du Riraya.

La zone irrigable est loin d'être entièrement arrosée ; l'irrégularité du régime des pluies, donc des torrents, a sans doute fini par fixer une limite à l'extension des cultures ; les indigènes qui prennent l'habitude de se servir d'eau courante pour arroser, oublient que l'eau du ciel pourrait suffire dans bien des cas, si leurs façons culturales étaient plus soignées, et ils n'osent pas entreprendre de culture au delà des possibilités ordinaires d'arrosage. Je crois exagérée cette crainte des risques et je pense que la surface de céréales d'hiver pourrait être augmentée sans que l'aléa soit beaucoup aggravé. Un tour d'irrigation de moins serait racheté par un bon labour préparatoire et par un assolement plus judicieux. Au contraire après un hiver pluvieux, on s'épargnerait ce spectacle attristant de voir de gros torrents couler sans profit.

Ne pourrait-on réserver pour une culture plus rémunératrice que l'orge et le blé et à évolution aussi rapide, le bienfait des eaux courantes ? Evidemment oui. Mais on se heurterait à une grosse difficulté : le Haouz, les plaines de l'Entifa, des Mesfioua, des Guedmioua, de Frouga, des Mzouda, en un mot tout ce qui borde l'Atlas au nord nourrit actuellement la populeuse et vaste région dont Marrakech est la capitale. Substituer à un produit aussi nécessaire que le blé une culture industrielle, serait une erreur lourde dans l'état présent des transports au Maroc. Ainsi sans opposer un veto aussi impérieux que dans les

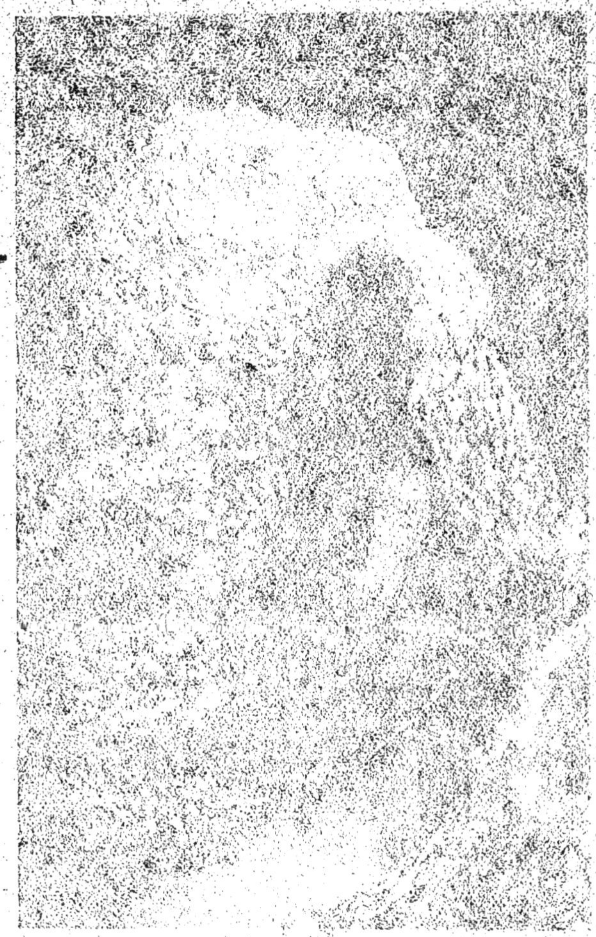

INTÉRIEUR DE KHEITARA
près de Marrakech

gné, sur le sol et la fréquence des crues subites dues aux orages ou à une fonte brusque des neiges.

Ce dernier péril est un reste perdu pour la région, puisque les eaux des crues subites traversent rapidement leurs ouvrages légers de [illegible] et [illegible] l'eau se jette dans l'Océan. Ainsi que l'ai-je [illegible] en ligne de compte [illegible]

À leur arrivée [illegible] les eaux [illegible] se [illegible] sur toute la partie haute [illegible] cône de déjections, c'est-à-dire sur une surface d'environ [illegible] et [illegible] grands.

Les céréales que j'y [illegible] avaient reçu, certaines parcelles, quatre irrigations, quelques-unes [illegible] autres, mais le plus grand nombre n'en avait [illegible] après. Au [illegible] dont les récoltes avaient bel aspect, le [illegible] ; une partie de l'eau s'en allait en colatures, n'arrosant rien, sans parler de ce qui coulait encore dans le lit naturel du Tisaya.

La zone irrigable est loin d'être entièrement arrosée. L'irrégularité du régime des pluies, dont des torrents, a sans doute fini par fixer une limite à l'extension des cultures. Des indigènes qui [illegible] l'habitude de se servir d'eau courante pour arroser se [illegible] que l'eau [illegible] pourrait suffire dans [illegible] leurs terres cultivées. [illegible]

[Several lines illegible]

[illegible] Haouz, les [illegible] de [illegible], les Mesfioua, les Guedmioua, les [illegible], en un mot tout ce qui habite l'Atlas [illegible] actuellement la population de la vaste région dont Marrakech est la capitale. Substituer à un [illegible] aussi [illegible] une culture industrielle, serait une erreur lourde [illegible] présent des transports au Maroc. Ainsi sans [illegible] un [illegible] aussi impérieux que dans les

INTÉRIEUR DE KHETARA
près de Marrakech

hautes vallées de l'Atlas, la question des voies de communication arrêterait là aussi l'essor des cultures industrielles.

Examinons maintenant ce que deviennent les 57 millions de mètres cubes, en admettant ce chiffre comme établi, déversés par le torrent dans la plaine.

La majeure partie, servant aux irrigations dans une région où la hauteur de pluie annuelle est en moyenne de 30 centimètres, triple ainsi la tranche d'eau utilement absorbée. L'infiltration dans les graviers porphyriques et sables grossiers qui constituent le cône de déjections se produit assez vite et doit certainement représenter la moitié de cette eau, peut-être davantage. Ajoutons à cela toute la pluie qui tombe sur les espaces non labourés du même cône, tout ce qu'y jettent les menus ravins, dès à présent nous acquiérons la certitude que les nappes phréatiques y sont richement alimentées et que l'ensemble de la partie haute de la plaine (en limitant encore notre étude au bassin du Riraya) considérée comme bassin recueillant, doit écouler dans la partie basse, par ses veines et nappes souterraines la valeur d'un ruisseau débitant au moins un mètre cube par seconde. Si elle était laissée à elle-même, cette eau apparaîtrait dans la partie basse, au voisinage du drain collecteur que constitue le Tensift. Elle y produirait des marécages plus ou moins salés et ferait du Tensift, torrent irrégulier, un fleuve constant dans le genre de l'Oum er Rebia.

L'industrie des Khetater a su arrêter ces eaux souterraines avant qu'elles n'aient atteint leur niveau de base.

VI

La « khetara » est une galerie non maçonnée, très étroite et très longue, s'enfonçant presque horizontalement en terre et amenant à la surface l'eau qu'elle draine des nappes souterraines.

Les khetara ont trois à huit kilomètres de longueur ; elles possèdent souvent près de leur tête une ou deux galeries transversales en V (ridjala). Leur largeur permet juste le passage à un homme marchant courbé et les pieds dans l'eau ; leur profondeur à leur origine dépasse le plus souvent vingt mètres et atteint parfois quarante-cinq mètres ; elle diminue progressivement jusqu'à arriver à zéro. De galerie souterraine, la khetara devient alors séguia à ciel ouvert.

Tout le long de leur parcours en galerie, des puits sont disposés à intervalles très rapprochés (huit à dix mètres) ; ils servent à extraire les matériaux pendant le creusement ou le curage et font également office de cheminées d'aération. Un bourrelet circulaire des matériaux extraits sertit leur orifice. Dangereux pour les troupeaux et même pour les voyageurs circulant de nuit, ces puits étroits et non maçonnés constituent pour la khetara elle-même une constante menace d'obstruction. A la suite d'une grosse averse, les eaux pluviales ruisselant en surface dégradent le bourrelet protecteur et se précipitent dans le regard comme dans une bouche d'égout. Les parois de limons et cailloutis, que le pic entame difficilement quand elles sont sèches, fondent comme du sucre dès que l'eau les imprègne. Des quantités énormes de terre sont entraînées dans la khetara, font refouler les eaux courantes ; les parois des galeries s'effritent et s'effondrent : c'est un désastre ! Rétablir une galerie dans des terres meubles est impossible ; aussi préfère-t-on déplacer toute la khetara ou tout au moins établir un tronçon en variante lorsque tel accident se produit.

La réparation des khetara est toujours fort coûteuse. Même si les bourrelets protégeant les orifices sont bien entretenus, il entre toujours dans les puits quelques graviers, des poussières ou des débris de végétaux. Il se produit aussi, mais dans certaines zones seulement, des encroûtements dans le radier, encroûtements dont l'origine reste incertaine. Tout cela oblige à des curages de temps à autre.

Quand la vétusté, les irruptions d'eaux sauvages, le manque de soin ont fait tarir définitivement une khetara, le propriétaire qui en a les moyens en fait creuser une nouvelle près de l'ancienne. Cette dernière est appelée khetara morte. Alors les vides énormes qui se sont à la longue produits au pied des regards et le long des galeries finissent par se combler par l'effondrement de la voûte, et la multitude de ces khetaras mortes à côté des khetaras vives, ces successions en chapelets de puits entourés d'un cratère, ces effondrements alignés, tout cela donne à la plaine des environs de Marrakech cet aspect singulier et tourmenté si souvent décrit.

Une bande de cinquante kilomètres de longueur et de quinze de largeur, à peu près parallèle au Tensift, contient quelque 300 khetara en activité : certaines naissent au point même où d'autres déversent leurs eaux. Leurs niveaux respectifs sont des plus variés. Il en est qui sont la continuation des égouts de Marrakech. Elles passent délibérément sous les remparts, sous les édifices, sous les jardins particuliers ; il y a longtemps que les khetater ont imposé une servitude d'aqueduc autrement plus sévère que notre loi de 1845.

Parfois trois khetara se chevauchent et se croisent. C'est un enchevêtrement à dérouter les géomètres. Néanmoins, la direction générale du plus grand nombre est celle de la pente du sol, c'est-à-dire sud-sud-est nord-nord-ouest.

Les débits de ces drains varient à l'infini. On en cite qui fournissent près de cent litres à la seconde, mais la plupart donnent de cinq à vingt litres. L'eau est fraîche, claire et l'examen bactériologique la classe dans un rang très satisfaisant. Elle serait complètement pure si les puits d'aération étaient fermés. Le débit est constant et faiblit très peu en été, ce qui démontre que le réservoir constitué par les nappes phréatiques est important et étendu. Il n'y a pas, comme on l'a cru, une seule couche aquifère ; il y en a des multitudes, ou plus exactement tout le sous-sol d'alluvions détritiques est plus ou moins aquifère. C'est une éponge alimentée par le haut, vidée par le bas. Des tranches de graviers et cailloux roulés, en taches lenticulaires ou en longues

traînées, alternent avec des sables grossiers et des limons argi-
leux (coupe ordinaire des cônes de déjections torrentiels). Les
eaux infiltrées imprègnent tout le système, mais suivent de pré-
férence les trajets de moindre résistance, c'est-à-dire les couches
les plus perméables. C'est pourquoi les khetater arrivent-ils toujours à recouper une nappe quelconque et souvent deux, mais il
n'est pas d'exemple d'insuccès complet dans le creusement d'une
khetara aux environs de Marrakech.

La technique des khetater mériterait d'être étudiée de près.
Elle contient bien des naïvetés ; leurs procédés d'exécution sont
très imparfaits, mais en matière de recherches on ne peut leur
nier un sens, un instinct très sûr des probabilités, et cela sans
mise en scène ni charlatanisme. Même quand les khetater sont
appelés en dehors de la région où ils ont acquis leur expérience,
leurs conseils sont toujours judicieux et leurs succès fréquents.

Il ne faut pas croire que la pratique des khetara soit spéciale
à Marrakech ; on la voit appliquée un peu partout au Maroc,
spécialement au Sous ; elle était connue en Tunisie à l'époque
romaine ; dans les montagnes du sud de la Perse, elle est en honneur depuis l'antiquité. Au Sahara, elle fait vivre la plupart des
oasis du Touat. On peut cependant affirmer que l'ensemble des
khetara de Marrakech constitue un des plus parfaits exemples
de ce procédé de captage et de reprise en sous-œuvre des eaux
au sein de couches perméables qui font ainsi office de colateur,
d'adducteur et de régulateur.

Les khetara de Marrakech ne sont en somme que la continuation régularisée du cours des grands torrents de l'Atlas, le
Redat, l'Ourika, le Riraya, le Nefis.

Si les khetara méritent toute notre admiration, les jardins
qu'elles irriguent ne sont pas dignes de l'effort et de la dépense
considérables qu'elles ont coûtés. Il y a là une disproportion in-
compréhensible. Sauf les trois ou quatre khetara alimentant
chichement d'eau potable les mosquées de Marrakech, les se-
kaïa et quelques rares demeures privilégiées, toutes les autres
aboutissent hors la ville dans des vergers comprenant des pal-
miers étiques mal entretenus et non fécondés, des vignes assez
belles, des figuiers, des amandiers, pêchers, abricotiers, quelques rares orangers et surtout des oliviers. Entre ces arbres de
larges planches sont réservées aux cultures d'orge (coupée sou-

[...] leur [...] ordinaire [...] coup de [...] (torrentiel). Ces [...] les plus perméables. C'est pourquoi le [...] [...] Marrakech.

[...] indice [...] d'être étudiée de près. [...] mais leurs procédés d'exécution sont [...] Même quand les khettara sont [...] en dehors de la région où ils ont acquis leur expérience [...] sont toujours judicieux et leur succès fréquent.

[...] que la pratique des khettara soit spéciale à Marrakech [...] on la voit appliquée un peu partout au Maroc [...] Sans elle [...]

[...] de Marrakech constitue [...] de captage et de reprise ou sous-écoulement [...] et sols de couches perméables qui font [...] collège de colature, de dilution et de régulateur.

Les khettara de Marrakech ne sont en somme que la continuation régularisée du cours des grands torrents de l'Atlas, le [...] l'Ourika, le Rhiraya, le Nefis.

[...] méritent toute notre admiration, les jardins qu'elles irriguent ne sont par dignes de [...] et de la dépense considérable qu'elles ont coûté. Il y a là une expropriation [...] Dans les trois ou quatre kilomètres qui entourent [...] la ville de Marrakech, ils se [...] et quelques-unes demeurées privilégiées, toutes les autres [...] hors la ville dans des vergers comprenant des [...] des oliviers et [...] d'abricotiers, des vignes assez [...] des figuiers, des amandiers [...] abricotiers, quelques [...] Entre ces arbres de [...] planches sont réservées aux cultures d'orge, [...]

CURAGE D'UNE KHETARA
près de Marrakech
(Treuil mû par les jambes)

vent en vert) et de maïs, et aux cultures fourragères et maraîchères. Plus on s'éloigne de Marrakech et plus la proportion
d'arbres diminue, tandis qu'augmentent les surfaces des planches de céréales.

Les Marrakechi assurent — et ils ont fait partager cette
croyance aux Européens qui habitent la contrée — que l'olivier
ne rapporterait rien s'il n'était irrigué. Je suis certain du contraire ; le climat de Marrakech n'est pas plus sec ni plus chaud
que celui d'El Djem et de Sfax en Tunisie, où l'olivier réussit
admirablement. Mais ouvrir une rigole exige moins d'efforts que
labourer. Si les Sfaxiens avaient eu à leur disposition des oueds
comme ceux du Haouz de Marrakech, ils n'auraient jamais per-
fectionné leurs façons culturales.

Le palmier est négligé au point qu'on n'en retire que des
palmes sèches comme bois de chauffage. N'existe-t-il donc
pas de variétés hâtives auxquelles conviendrait le climat ? Le
Besser-Halou, le Beid-Hamau, le Kenta et bien d'autres variétés
pourraient être essayées.

Enfin n'est-ce pas pitié de voir une eau si précieuse irriguer
aux portes d'une grande ville des champs d'orge, et quelle orge !
Les Marrakechi ne connaissent pas d'autre fourrage d'hiver, et la
liste de leurs légumes est bien courte.

Lorsqu'il y a lieu à partage, les eaux des séguias issues des
khetara se divisent par fractions de journée. Dans les villes, le
partage est fractionnaire aussi, mais suivant le volume. Il se fait
dans des màda comme à Fez. Les mesures des déversoirs sont
le canon de fusil, le doigt et le gros doigt.

On a vivement critiqué la répartition des eaux de Marrakech
qui laisse à sec maint quartier et mainte fontaine au profit de
telle ou telle mosquée, de tel ou tel riad. En se basant sur le da-
hir qui déclare makhzen toutes les eaux, on a proposé rien moins
qu'une révision de cette répartition, c'est-à-dire, dans l'esprit des
partisans de la mesure, un remembrement pur et simple de la
propriété hydraulique sans indemnité, ce qu'on appelle en
France un réglement d'eau.

Les promoteurs de cette solution simpliste oublient que dans
un pays où l'eau est plus précieuse que la terre, parce que rare,
la véritable propriété est celle de l'eau. Modifier cette propriété
dans un but d'égalité équivaudrait à une révolution agraire.

C'est exactement comme si un chef à l'âme d'apôtre enlevait sur la place publique le burnous du riche pour le donner au mendiant ; ce communisme forcé serait peu goûté.

Que l'eau soit bien ou mal utilisée, que les droits résultent d'acquisitions légitimes, d'excès de pouvoir, d'empiètements, de fraudes ou de décisions judiciaires, peu importe. Ils existent et sont exercés. Je ne suppose pas que le protectorat marocain ait la prétention, comme faillit l'avoir certain tribunal tunisien, d'apprécier et de redresser les torts des anciens souverains. S'il ne le fait pas pour la terre, il n'y a aucune raison de le faire pour l'eau.

On invoque à l'appui de la revision administrative la satisfaction du « droit de la soif » (chefa). C'est méconnaître sa véritable nature ; dans les pays secs où l'eau a une valeur propre (valeur qui à Marrakech est doublée des frais qu'ont coûtés sa recherche et son captage), la propriété privative de l'eau est la règle, et si le droit de la soif doit être exercé au profit d'une cité, il s'exerce par voie d'expropriation. C'est logique.

Ainsi si la municipalité de Marrakech renonçait au procédé pourtant très simple qui consisterait à se creuser de nouvelles khetara, la seule méthode qu'elle pourrait appliquer serait de constater une fois pour toutes quels sont les droits existants aujourd'hui, en dresser le cadastre, puis exproprier ceux de ces droits qui pourraient être transférés avec fruit à la ville. L'eau serait alors détournée et amenée au point convenable.

Mais devant le mot « expropriation » les plus hardis administrateurs reculent comme devant un abus d'autorité. Notre vieille conception de la propriété intangible nous a fait entourer la moindre atteinte qui est faite à ce droit d'un luxe solennel de restrictions, de conditions et de formalités ; si bien que lorsque la nécessité nous talonne, l'on s'imagine plus adroit d'arriver au même but par une casuistique de droit administratif. J'ose espérer qu'au Maroc, où tant d'idées neuves et larges ont été formulées, on résoudra ce problème de la répartition de l'eau par la logique courageuse et non par les expédients et les sophismes.

Non seulement la bonne utilisation des eaux dans les jardins du Haouz est loin de sa limite de perfection, mais le sous-sol contient encore des réserves d'eau. Le nombre des khetara n'a pas atteint son maximum et plusieurs de celles qui coulent actuellement perdent par infiltration une partie de leur débit en traversant certaines zones, sans doute particulièrement perméables, au voisinage de leur débouché.

Je vais plus loin. Je suis persuadé qu'on pourra augmenter les réserves et le débit des nappes aquifères en détournant plus complètement les eaux d'hiver des torrents et en les répandant sur les parties hautes de la plaine, ce qui aurait comme premier avantage, nous l'avons vu plus haut, d'étendre les cultures de céréales. Il ne serait même pas nécessaire de cultiver les vastes étendues inondées. Etaler l'eau, en imprégner le sol de façon qu'il en retienne la plus grande partie, sinon la totalité, et cela tant que persistent les gros débits, voilà le plus sûr moyen et le moins coûteux de mettre en réserve pour la saison chaude les eaux qui se perdent pendant les mois d'abondance.

Certes les barrages de fortune, les levées de terre à profil irrégulier sont des travaux qui tentent peu les hommes de l'art. Aucun nom ne s'attache à ces ouvrages rustiques et le voyageur, comme le publiciste, passe sans les regarder. Nous Européens, pensons que faire grand, c'est faire coûteux et beau. Puissent des idées différentes animer les administrateurs de demain!

VII

Ce qui précède m'amène à dire un mot des projets de barrages-réservoirs ou de barrages régulateurs dans les vallées de l'Atlas. Je rappelle tout d'abord que, n'ayant visité qu'un massif parmi les nombreux massifs de la chaîne, mes conclusions n'ont pas un caractère général. J'ai tout lieu de croire au contraire que certaines parties de l'Atlas doivent offrir des conditions différentes.

Dans le massif du Toubkal, les trois vallées du Riraya, de l'Agoundis (affluent de l'oued Nefis), et du Tifnout (affluent du Sous), avec leurs parois de schistes, de trachytes, de porphyres ou de granits, présentent en maint endroit des rétrécissements favorables à l'implantation de barrages de retenue. De plus, les eaux torrentielles paraissent beaucoup moins chargées de limons qu'en Algérie; le dévasement y serait moins onéreux. Donc, à supposer que notre situation politique nous le permît, pas d'obstacles sérieux du côté construction.

Mais au fait, pourquoi ces barrages réservoirs? La régularisation d'un torrent comme le Riraya nécessiterait au bas mot un réservoir contenant 20 millions de mètres cubes, et encore je n'envisage pas la régularisation d'une année à l'autre, mais simplement d'une saison à l'autre. Or constituer un barrage retenant 20 millions de mètres cubes dans des vallées étroites, présentant très peu d'évasements, avec une pente générale de 5 %, est chose difficile à réaliser. Sur le Riraya, le seul point où il serait pratique, c'est l'entrée amont des gorges de Moulay-Brahim, avec une hauteur de barrage de 75 mètres. Malheureusement, il se trouve que le futur bassin serait précisément le cirque de Tamarhout : le plus bel ensemble de cultures de la vallée serait perdu !

Et à côté de cela l'augmentation des cultures irriguées continuellement, grâce à cette retenue, atteindrait-elle deux mille hectares? J'en doute.

Sans entrer dans des calculs de précision pour lesquels il manque trop d'éléments, il me semble que la dépense serait hors

HAUTE VALLÉE DE L'AGOUNDIS

HAUTE VALLÉE DE L'AGOUNDIS

de proportion avec le résultat. Je conseillerai d'autant plus l'abstention dans ce cas particulier, qu'il existe un moyen bien plus simple de mettre en réserve les eaux surabondantes des mois de printemps. C'est celui que j'indiquais plus haut.

En haute montagne, j'ai pu constater l'heureuse action d'un régulateur naturel, le lac Ifni, sur la richesse de la vallée de l'Assif Nezlei qui lui fait suite Ce seul exemple n'est pas suffisant pour établir que les cultures des vallées supérieures déjà abondamment irriguées, retireraient grand bénéfice de la régularisation de leur artère nourricière. En outre, il est encore prématuré d'escompter que les usagers actuels payeront les frais d'un barrage, ou l'intérêt correspondant. D'un autre côté, l'édification d'un ouvrage de ce genre, à l'altitude de 2.000 ou 2.500 mètres, sera toujours très coûteuse, car le profil en long des vallées s'y relève rapidement jusqu'à atteindre 10 °/o. Un barrage de cent mètres de haut n'emmagasinerait que quatre millions de mètres cubes.

Donc l'amélioration serait-elle certaine, il y aura toujours disproportion entre le résultat et la dépense. Quant à supprimer purement et simplement les cultures de montagne pour les réorganiser plus savamment dans la plaine, cette mesure radicale, excellente au point de vue économique, serait déplorable au point de vue politique.

Bref, si l'on ne considère que le côté agricole de l'entreprise, on n'aboutit qu'à des conclusions décourageantes.

La question forces naturelles offre heureusement des perspectives plus brillantes. Déjà, il semble que le Riraya et l'Agoundis présentent tous les deux, entre les cotes 2.500 et 2.000 mètres, un débit d'étiage utilisable supérieur à 500 litres-seconde et un débit moyen supérieur à un mètre cube. Si le haut Atlas est en somme pauvre en eau, les énormes différences de niveau rachèteront peut-être les maigres débits. On peut donc espérer qu'en combinant les deux points de vue, utilisation de chute et usage agricole, la balance des dépenses et des bénéfices commencera à se mieux équilibrer, surtout si l'on découvre une vallée un peu boisée, assez riante, pour ajouter à ces sources de profit l'exploitation d'une station de repos estival et sports d'hiver pour les Européens.

Tout le long du Riraya, au dessous de la cote 1800, les emplacements propices à la dérivation du torrent et l'aménagement de petites usines sont nombreux ; mais toute entreprise nécessite le déplacement de cultures, même de villages, c'est-à-dire une dépense de plus et des difficultés administratives.

Aux gorges de Moulay-Brahim, je suppose que le débit descend rarement au-dessous de 800 litres-seconde et que le débit moyen annuel atteint un mètre cube 1/2. Entre l'entrée et la sortie des gorges, une dénivellation de 60 mètres environ permettrait dès à présent l'installation d'une usine. L'édification d'un barrage en amont du défilé triplerait la puissance disponible ; cette augmentation vaut-elle la dépense ?

J'ai entendu dire que les basses vallées des oueds El Abid et Lakhdar offriraient des conditions bien meilleures pour l'implantation de barrages et surtout l'aménagement de chutes. Je n'ai point visité ces régions, mais je serais très enclin à le croire, car le débit de ces torrents est plus important que celui du Riraya et, à en juger par les chutes naturelles qu'on y signale, le profil des vallées est plus jeune.

VIII

Je terminerai ce bref exposé par des considérations d'un ordre très général :

On entend souvent dire : « Il y a beaucoup d'eau au Maroc, « l'avenir des entreprises hydrauliques, agricoles ou autres, est « illimité. Il suffirait pour favoriser l'éclosion rapide de ces « grandes entreprises de débarrasser les concessions des forma- « lités et des difficultés administratives qui paralysent en France « le développement de l'industrie de la houille blanche. »

Rectifions tout de suite les prémisses de ce raisonnement. Il y a au Maroc occidental un peu plus d'eau qu'en Algérie, si on compare les débits aux surfaces recueillantes ; ce qui signifie ou qu'il pleut davantage ou que l'évaporation annuelle est moins élevée. Mais il y a beaucoup moins d'eau au Maroc qu'en France et la disproportion entre les surfaces qui auraient besoin d'arro‑ sage et les disponibilités sera toujours énorme. Comme beau‑ coup de régions, spécialement les zones côtières qui sont occu‑ pées et soumises, peuvent se passer d'eau d'irrigation, la dispro‑ portion ci-dessus paraît moins flagrante qu'en Algérie, mais quand on connaîtra mieux l'ensemble de notre nouvelle posses‑ sion africaine, on verra que les problèmes de l'eau s'y présentent sensiblement de même façon.

Quant à croire qu'une simple mesure législative, aussi judi‑ cieuse et ingénieuse soit-elle, suffira pour résoudre ces problè‑ mes, c'est attribuer trop de vertu aux textes et oublier que nous avons encore tout à apprendre au Maroc avant de réaliser.

En France, un inventaire général de toutes les ressources existe. On connaît chaque cours d'eau ; les régimes sont étudiés, sinon minutieusement du moins avec assez d'approximation pour établir un projet. Nous possédons cartes cotées, stations pluviométriques, etc... Nous avons un cadastre immobilier et nous savons les droits et les noms de chaque riverain. Les con‑ cessions antérieures sont enregistrées et publiées. Bref, l'indus‑ triel qui veut s'établir a tous les éléments pour dresser son de‑ vis et l'État sait ce qu'il lui concède.

Au Maroc, ni l'État ni les concessionnaires ne le savent. Ils passent un contrat aléatoire. On ignore tout du régime des cours d'eau, même de ceux, peu nombreux, dont tout le cours est en zone soumise ; on ignore surtout l'étendue des droits qui s'exercent déjà sur les eaux et qu'on va peut-être léser. On a une tendance à sacrifier un avenir agricole éloigné à un avenir industriel immédiat. Or la conciliation de ces deux besoins nécessite en France des études délicates. A fortiori au Maroc où l'eau est plus précieuse. En un mot, l'Administration engage l'avenir ; les entreprises futures, peut-être beaucoup plus intéressantes, sentiront lourdement le poids des décisions hâtives du début.

Personne n'est plus que moi l'ennemi des atermoiements et des méthodes formalistes, mais j'estime qu'il n'y a actuellement qu'une seule chose urgente au Maroc, c'est *l'Étude* des ressources hydrauliques disponibles.

Cela comprend deux choses :

1º L'étude du régime des eaux : pluies, neiges, cours d'eau permanents, cours d'eau temporaires, sources, nappes souterraines, tout doit être jaugé, mesuré, inventorié.

2º Le relevé des droits acquis et exercés. Ces droits doivent être respectés. Pour les respecter il faut les connaître.

Les disponibilités résulteront de la différence entre l'inventaire total des ressources et le cadastre des droits antérieurs.

Par étude je n'entends pas le jaugeage minutieux, continu, méthodique, avec appareils enregistreurs, de tous cours d'eau, l'analyse de toutes les eaux de source ; cette perfection dépasse les moyens d'un pays où nous venons à peine de pénétrer. Mais tous les ponts sur cours d'eau permanents pourraient être munis d'une échelle quelconque qui donnerait les débits de façon grossière. Un simple repère sur un tronc d'arbre ou un rocher suffirait à la rigueur. Le garde-voie, le cantonnier, le garde-péage le plus voisin noterait les hauteurs, sinon au jour le jour, du moins le plus souvent possible.

Les stations météorologiques seraient multipliées. Quand on ne pourrait les doter de la collection complète d'appareils, il serait fourni au moins un pluviomètre

Enfin tous les postes militaires, tous les bureaux de Renseignements, tous les agents des Domaines, des Forêts ou des Travaux publics, devraient être munis d'un cahier d'observation des cours d'eau. Ce cahier reste toujours dans le poste. Il est pendu

M. [illegible] et l'État sont donc solidaires les deux [illegible] pas [illegible] pourra se [illegible]. On ignore [illegible] un régime des cours d'eau même de ceux [illegible] peu abondants [illegible] tout le jour [illegible] on ignore souvent l'étendue des crues qui [illegible] avenir [illegible] qu'il [illegible] avenir réduit [illegible] l'immobilisation de ces deux besoins [illegible] au Progrès [illegible] études déficites. A fortiori la Maison [illegible] plus précieuse [illegible] l'administration [illegible] l'examen des entreprises futures, peut-être [illegible] plus intéressantes, [illegible] lourdement le poids des décisions hâtives du début.

Personne n'est plus que moi l'ennemi des [illegible] des méthodes formalistes, mais l'estime qu'il n'y a actuellement qu'une seule chose urgente [illegible] c'est l'Étude des [illegible] ces hydrauliques disponibles [illegible]

Cela comprend deux choses :

1°. L'Étude du régime des eaux : pluies, neiges, cours d'eau permanents, cours d'eau temporaires, sources, nappes souter[illegible]. Ainsi tout doit être jaugé, mesuré, inventorié [illegible]

2°. Le relevé des droits acquis et exercés. Ces droits doivent être respectés. Pour les respecter il faut les connaître [illegible]

Les disponibilités résulteront de la différence entre le point d'eau [illegible] et le cadastre des droits antérieurs.

Par suite je n'adopte pas le jaugeage minutieux, continu, méthodique, avec appareils enregistreurs, de tous cours d'eau, l'analyse de toutes les sources ; cette perfection déguise les moyens d'un pays [illegible] nous irions à plein de pénalités. Mais tous les petits [illegible] cours d'eau permanents [illegible] être jaugés et [illegible] échelle [illegible] qui donneront les débits de façon plus [illegible]. Un simple repère sur un tronc d'arbre ou un rocher suffi[illegible] à la rigueur. Le garde [illegible], le cantonnier, le garde-pêche, le pont[illegible] relèveront les hauteurs [illegible] au jour le jour du [illegible] le plus souvent possible [illegible]

Les stations météorologiques seront multipliées. Quand on [illegible] les [illegible] à la collection complète d'appareils, il se [illegible] fourni au moins un pluviomètre.

Enfin tous les postes militaires, tous les bureaux de [illegible] tous les agents des Domaines, des Forêts ou les Tra[illegible] pourront [illegible] être munis d'un cahier d'observation de [illegible] d'eau. Ce cahier reste toujours dans le poste. Il est pendu [illegible]

UNE SEKAIA à MARRAKECH

à un clou à la disposition de tous. Il n'a aucun format, aucun dispositif de rigueur. L'officier, l'agent qui revient de tournée, y inscrit simplement au jour le jour, des mentions comme celle-ci :

« A telle date, telle rivière est à sec à tel point. A telle date, « le gué de tel endroit a été trouvé infranchissable. L'oued un « tel a monté de trois mètres pendant la nuit à la suite d'un « orage, la crue a duré vingt-quatre heures. La séguia de telle « fraction ne coule plus, faute d'eau dans l'oued. Vu les oueds « un tel, un tel et un tel, à telles dates, ils coulent normalement. « Le fleuve un tel roule des eaux rougeâtres ; la plaine est inon- « dée... »

Si l'on ne possède pas de pluviomètre, on note aussi les pluies en indiquant simplement la durée, avec un qualificatif s'il est besoin, comme : '' pluie fine; pluie d'orage; pluie permettant de labourer ''. On inscrit l'apparition des neiges sur les montagnes.

Des observations pareilles répétées pendant cinq ou six ans de suite sont extrêmement précieuses et valent mieux que les racontars indigènes, presque toujours imprécis et inexacts. Ceux-à qui elles sont profitables passeront de loin en loin dans les postes et copieront les mentions qui les intéressent en les classant méthodiquement.

Ceci n'empêche nullement les stations mieux outillées de procéder à des jaugeages plus précis.

L'analyse des eaux de certaines rivières à deux ou trois moments différents de l'année, l'analyse des eaux de source, le débit d'un puits, les coupes des terrains traversés dans un forage, dès qu'on possède un de ces documents il convient de le noter et de le classer soigneusement.

Pour établir rapidement le cadastre des droits existants, un texte de loi est nécessaire ; c'est une des innovations du projet de code que j'ai eu l'honneur de présenter à la Commission d'Études législatives. Cadastre qui sera forcément incomplet puisqu'il n'est pas encore question de l'imposer aux Berbères des montagnes, mais qui néanmoins tirera au clair bien des situations, empêchera bien des usurpations postérieures sur le domaine hydraulique de l'État, et évitera ces difficiles procès d'eau, qui mettent dans l'embarras magistrats et administrateurs.

Est-ce à dire que nulle concession ne pourrait être accordée dès à présent ? Ce serait pousser l'esprit de précaution jusqu'au malthusianisme. Lorsque le régime est connu, lorsqu'il est à prévoir que les droits déjà exercés sur un cours d'eau, sur une source, seront facilement révélés et évalués, lorsqu'aucune utilisation meilleure n'est à envisager à bref délai, rien n'empêche qu'on tire profit de ce qui est utilisable à condition que l'État conserve le droit de disposer de l'eau au mieux des intérêts supérieurs du pays, et quand elle est concédée, le droit de la reprendre pour une utilisation meilleure.

Seulement — et c'est là un point capital — la reprise du bien qu'on a donné ne doit pas revêtir un déguisement malhonnête ; son nom est " expropriation contre argent comptant ". Pas de crédit possible si la menace d'un retrait de concession sans indemnité pèse sur une entreprise ; sans crédit, pas d'industrie, pas de colonisation.

A mon avis, la mission de l'Administration des Eaux au Maroc sera donc: 1º d'étudier ses ressources et d'en dresser l'inventaire, 2º d'élaborer posément un programme, programme perfectible et modifiable d'ailleurs, car rien n'est absolu, 3º de faire passer de ses mains stériles dans celles fécondes des particuliers tout son domaine, 4º de surveiller constamment l'emploi de l'eau afin de la diriger toujours vers l'utilisation la meilleure.

Mais je le répète, la seule chose urgente actuellement, est l'étude des ressources. En matière hydraulique la précipitation dans les décisions n'engendre que déboires. Si l'Administration attend d'être sollicitée de toutes parts, d'être talonnée par les réclamations et engagée dans des procès, pour commencer ses études, improviser son programme et prendre des décisions de circonstance, nous risquerons fort d'assister au spectacle du prodigue qui dilapide sa fortune faute d'ordre et faute d'inventaire.

Le 21 Octobre 1917.

P. PENET.

TABLE DES MATIÈRES

		Pages
Chapitre I. — La région côtière		5
Chapitre II. — Meknès-Fez-Sefrou		8
Chapitre III. — Les hautes plaines des Beni-Meguild		13
Chapitre IV. — La steppe au nord du grand Atlas		15
Chapitre V. — Etude d'un torrent dans le grand Atlas		17
Chapitre VI. — Les khetara et Marrakech		30
Chapitre VII. — Projets de barrages en montagne		36
Chapitre VIII. — Considérations générales. — Rôle de l'administration. — L'inventaire des ressources		39